AF247094

ESSAI

SUR LA

RÉVISION DE LA CHARTE,

PAR M. DEVAUX.

A PARIS,

CHEZ BRISSOT-THIVARS,

RUE NEUVE-DES-PETITS-CHAMPS, N° 22.

1820.

DE L'IMPRIMERIE DE P.-F. DUPONT

Hôtel des Fermes.

ESSAI

SUR LA

RÉVISION DE LA CHARTE.

L'importance de mon Sujet est prouvée par son titre : J'entre en matière.

CHAPITRE PREMIER.

Nécessité d'un mode de révision.

LE principe de la stabilité des institutions politiques est dans leur harmonie avec les mœurs, les opinions, les préjugés même de la nation qui les reçoit. Mais un peuple qui cultive les sciences, qui pratique tous les arts, qui multiplie par le commerce ses besoins et ses jouissances, qui fait avec les autres nations un échange continuel de procédés industrieux et entretient avec elles une communication habituelle de lumières, modifie insensiblement ses mœurs, ses opinions et ses préjugés. La science de la législation n'est pas plus immobile que les autres connaissances humaines; elle révèle ce que les lois anciennes ont de discordance avec l'état actuel de la société. Les lois stationnaires sont abandonnées par le mouvement progressif des esprits. Si le passé persiste à diriger l'avenir, l'opinion lui résiste, fait irruption, appelle à son secours un nouvel ordre politique, et la révolution s'opère.

Si la constitution d'un Etat renferme en elle-même les moyens de se perfectionner, elle échappe aux révolutions par cette flexibilité; elle suit les progrès des lumières, elle se modifie pour s'approprier aux mœurs nouvelles, elle se dépouille sans violence de tout ce qui dans le passé ne convient plus au présent, elle reçoit du présent de nouveaux moyens pour gouverner l'avenir.

C'est par la révision que s'opère la transaction entre les lois anciennes et les mœurs, les opinions, les préjugés, les besoins du présent.

La Charte destinée *à réunir les temps anciens et les temps modernes*, n'apparut point à la nation comme une transaction provisoire, suspensive seulement de l'incompatibilité hostile entre le passé et le présent; elle prit de suite dans l'opinion le caractère d'un contrat social irrévocable.

Elle ne fut pas acceptée comme un essai, mais avec cette idée de perpétuité que les plus grands législateurs ont tenté d'imprimer à leurs institutions; ainsi la sagesse d'un peuple toujours ami de la liberté, mais fatigué des révolutions, le dirigeait naturellement vers cette stabilité que les plus beaux génies qui ont présidé aux destinées des nations, ont constamment recherchée dans les lois qu'ils ont données aux hommes.

La crainte de voir renaître les anciennes institutions séparées du présent par l'intervalle immense de 25 ans de révolutions rendait encore plus impérieux le désir de consolider les nouvelles lois fondamentales. L'espérance et le besoin de trouver le repos et la liberté dans le sein du gouvernement constitutionnel furent assez vifs pour faire dédaigner à l'opinion toutes les remarques des publicistes sur les imperfections de la Charte.

Cependant c'est du législateur même que part le signal des modifications à faire subir au nouveau pacte social. Il n'a pas six ans d'existence, et on le juge déjà si vieux qu'il a besoin d'être retouché pour acquérir une nouvelle vigueur. L'opinion publique ne comprend pas cela; elle conçoit encore bien moins cette division de la Charte en dispositions réglementaires et en dispositions fondamentales; et, quand même on parviendrait à rendre sensible à tous les esprits cette décomposition métaphysique de la Charte dont l'unité est devenue une idée populaire, rien, dans l'état actuel des choses, ne pourrait calmer les inquiétudes inspirées par l'abus facile et illimité de cette arbitraire distinction.

Si la constitution de l'État est exposée à toutes les modifications du pouvoir législatif annuel;

A toutes les variations contraires des majorités se prononçant en sens opposé;

A toutes les mutilations des ministères inhabiles dans l'art de diriger les pouvoirs tels qu'ils sont constitués;

À tous les caprices de l'esprit de système;

À toutes les attaques du pouvoir qu'elle limite.

À toutes les tentatives de la contre-révolution qu'elle désespère;

Comment survivra-t-elle à tant de chances de destruction, tant que la puissance de révision qui l'attaque aujourd'hui, qui la menacera toujours avec espérance de succès, ne sera ni définie dans son principe, ni limitée dans ses effets, ni régularisée dans son action, ni confiée à des mains essentiellement conservatrices.

La nécessité d'organiser le pouvoir de révision se déduit donc :

1.° Du besoin indispensable de compléter la constitution elle-même, en créant les moyens de la perfectionner sans révolutions nouvelles;

2.° De la protection dont elle manque contre les attaques d'un pouvoir irrégulier de révision qui menace à chaque instant son existence.

CHAPITRE II.

Limites du pouvoir de révision.

Un peuple ne change pas subitement de mœurs, d'opinions et de préjugés; il n'éprouve donc jamais le besoin d'une nouvelle constitution qu'après de très-longs intervalles, et lorsque les lois fondamentales, par leur immutabilité, n'ont pu suivre le mouvement de la société. C'est peut-être à l'absence des étatsgénéraux depuis 1614 qu'est due la révolution qui fit parler si haut les nouveaux besoins de la société, parceque, depuis 175 ans, on avait cessé de les entendre s'exprimer légalement. En créant un pouvoir attentif à modifier la constitution pour l'approprier successivement à l'état présent de la société, il doit être borné à des réformes partielles.

La possibilité d'une réforme subite et intégrale de la constitution détruirait le crédit public, en permettant de remettre en question le sort de la société tout entière et particulièrement la garantie de la dette publique; elle rendrait aux factions leurs espérances de contre-révolution et de révolution; elle favoriserait ce penchant naturel de l'homme vers un changement de position par l'espoir d'un mieux imaginaire.

Il importe à la stabilité des institutions politiques que le temps n'a pas encore consacrées de n'être pas continuellement en présence d'un pouvoir illimité de réformation. La révision partielle est plus analogue aux idées d'amélioration progressive, elle trouble moins le calme des esprits. La réforme intégrale porte avec elle l'image effrayante d'une révolution, elle est inséparable d'une grande agitation, parce qu'elle remue l'ordre social jusque dans ses fondemens.

Il est en outre des principes que le pouvoir de révision doit être forcé de respecter; ce n'est point prétendre enchaîner l'avenir ni vouloir rendre stationnaire la raison publique que de proclamer l'inviolabilité de quelques principes si essentiels à l'organisation sociale qu'ils ne peuvent périr que par la dissolution de la société subissant la révolution ou la conquête. La loi ne doit pas prévoir cette subversion des principes fondamentaux, elle doit tendre au contraire, en les respectant, à leur procurer la sanction du temps qui est une sorte de religion.

Les principes constitutionnels non sujets à révision pourraient être,

A l'égard du prince :

1°. L'inviolabilité du roi (art. 13 de la Charte).

2°. La division du pouvoir législatif en trois branches (art. 15).

3°. Le droit de dissoudre la Chambre des Députés (art. 50).

4°. L'exercice du pouvoir exécutif (art. 13).

Sans cela, l'on ne peut concevoir de royauté constitutionnelle.

A l'égard du peuple :

1°. Le consentement nécessaire de ses députés à l'établissement des impôts (art. 48).

2°. La responsabilité des ministres (art. 13).

3°. La liberté individuelle (art. 4).

4°. La liberté de conscience (art. 5).

5.° La liberté de la presse (art. 8).

(9)

6°. L'inviolabilité de toutes les propriétés sans distinction (art. 9).

7°. L'institution des jurés (art. 65).

8°. L'inamovibilité des juges (art. 58).

9°. La garantie de la dette publique, (art. 70).

10°. L'élection directe des députés dont le principe est dans l'art. 40.

Sans cela l'on ne peut concevoir de sûreté pour les personnes et les propriétés, ce qui est cependant le but essentiel de la société.

Si l'on réforme les prérogatives nécessaires de la royauté, ou si l'on porte atteinte aux principes conservateurs des libertés publiques, on change la forme du gouvernement, on opère une révolution. Il ne doit pas y avoir dans un État de pouvoir organisé pour faire une révolution.

Le pouvoir de révision doit donc avoir deux limites :

1°. Les réformes partielles.

2° Les articles de la Charte déclarés non sujets à révision.

CHAPITRE III.

Nécessité d'une assemblée spéciale de révision.

LE pouvoir de révision est évidemment le même que le pouvoir constituant.

C'est l'empire des circonstances qui a investi le roi de cette dictature souveraine qui a produit la Charte. Le monarque en a fait un noble usage, en consacrant comme principes de son gouvernement des vérités politiques proclamées par toutes nos assemblées nationales, et dont l'opinion publique était en possession. Mais la concession d'une Charte qui, selon la déclaration de Saint-Ouen du 2 mai 1814, devait être délibérée avec une commission choisie dans le sénat et le corps législatif, n'en constitue pas moins un droit irrévocablement acquis, parce qu'elle fut accordée *au vœu* du peuple, *expression d'un besoin réel* (1) de la société.

______

(1) Préambule de la Charte.

Accomplir les vœux d'une nation est un moyen habile de se passer de son acceptation formelle. L'exercice du pouvoir constituant de la part du roi seul, amenerait pour conséquence la faculté de révoquer la Charte.

Cependant le roi n'a pas même le pouvoir législatif exclusivement, comment aurait-il celui de révoquer ou de réformer la loi constitutionnelle dont les lois ordinaires dérivent et dont elles tirent toute leur force et leur efficacité.

Le titre de la Charte, *De la forme du gouvernement du roi,* nous révèle que la royauté n'est plus qu'un pouvoir constitué qui a ses limites, qui ne peut en conséquence s'élever tout seul jusqu'au pouvoir constituant, sans agir contre son propre principe.

L'art. 74 de la Charte impose au roi et à ses successeurs l'obligation de prêter, dans la solennité de leur sacre, le serment d'observer fidèlement la constitution: prendre la religion à témoin de son respect pour cette loi fondamentale, c'est assurément bien avouer son impuissance de la changer.

Le monarque, au surplus, reconnaît lui-même cette vérité d'un contrat social obligatoire pour lui ; car, dans son discours à la Séance royale, S. M. s'attribue seulement l'initiative des modifications, et encore, relativement à de simples *formes réglementaires.*

La Chambre des députés, créée pour faire partie du pouvoir législatif, n'a plus de caractère pour concourir à l'exercice du pouvoir constituant. Un membre du ministère actuel (1) disait en 1817, à propos de changemens proposés à la Charte : « *Il ne peut* » *appartenir au constitué de se faire* » *constituant.* »

Les députés sont liés par leur serment de respecter la Charte. Ce n'est pas comme citoyens qu'ils prêtent ce serment, mais comme membres du pouvoir législatif ; la traduction de leur serment, comme législateurs, est donc la promesse religieuse de n'adopter aucune loi contraire à la Charte.

Les députés sont circonscrits par leur mandat. Quand les électeurs, avant d'élire prêtent serment à la Charte, ils n'entendent certainement pas conférer à leurs élus un

____

(1) M. Roi.

droit incompatible avec leur serment; ils n'ont pas la pensée d'autoriser leurs représentans à porter atteinte à la constitution qu'eux-mêmes ont juré de respecter; et, comme il est de l'essence du mandat de ne pouvoir justement s'accomplir que selon l'intention du mandant; les mandataires, les députés, ne peuvent, sans trahir la confiance de leurs commettans, consentir à aucune violation de la Charte.

Peut-être que beaucoup de députés n'eussent pas été élus si les électeurs eussent été prévenus d'une révision pour laquelle ils eussent sans doute recherché des qualités plus éminentes. Les lois fondamentales d'un État à créer ou à réformer, exigent plus de force dans le caractère pour résister à toutes les séductions, habiles à multiplier leurs tentatives en raison de l'importance du succès qu'elles en espèrent, plus d'étendue dans l'esprit pour apercevoir les conséquences les plus éloignées des nouveaux principes qu'on adopte, des vues politiques plus profondes pour fonder un avenir durable, une plus haute sagesse pour s'élever au-dessus des passions toujours remises en mouvement par d'aussi grands intérêts, plus de connaissances acquises. dans la science du droit public des temps anciens et des temps modernes pour y puiser des analogies applicables à la nation que l'on veut doter de bonnes et fortes institutions.

Les électeurs n'ont pu se diriger dans leurs choix par ces puissantes considérations, à une époque où ils se reposaient avec confiance sur l'inviolabilité de la Charte.

Le pouvoir de révision serait funeste dans la chambre ordinaire des députés, il régénérerait bien vite en pouvoir habituel de dérogation à la Charte, Chaque jour on lui présenterait à discuter des lois inconstitutionnelles qu'elle pourrait adopter sans être arrêtée par les limites de son mandat, et les modifications explicites ou implicites apportées à la Charte en feraient disparaître le texte primitif : elle irait, comme la constitution de l'an 8, se perdre dans une législation sans cesse imbue de ces innovations qui, sous le régime des sénatus-consultes, ont plongé le droit public de la France dans cette inextricable confusion où le despotisme seul pouvait se reconnaître.

C'est cette facilité de modifier continuellement la constitution par le moyen d'un corps
permanent et délibérant qui a frayé la route
au pouvoir absolu de l'empereur. Le chemin
pratiqué par la tyrannie ne peut être celui de
la liberté.

Si les modifications de la Charte s'opèrent
par le même pouvoir et dans les mêmes formes employées pour la confection des lois.
Toute distinction s'efface dans les esprits entre
les lois constitutionnelles et les lois ordinaires.
Celles-ci doivent toujours être respectées; mais
celles-là méritent une plus profonde vénération; leur révision a donc besoin de plus de
solennités dans les formes, d'une plus grande
maturité dans les délibérations, de plus de
précautions contre le danger des innovations.

L'identité de procédés dans la confection
des lois et dans les réformes constitutionelles
livre la Charte à toutes les fluctuations de l'esprit de parti. Chaque majorité répondant au
vœu différent de chaque ministère peut adopter des modifications dans un sens opposé.
La rapidité des formes établies pour délibérer les lois ordinaires se prête beaucoup à ces
triomphes éphémères des majorités différentes. Un ministère assuré momentanément

d'une majorité séduite, faible ou trompée, se hâterait de proposer des modifications favorables à ses systèmes ou à son pouvoir, dans l'appréhension de rencontrer bientôt un invincible obstacle dans une autre majorité d'opinion contraire. A chaque session l'opinion publique serait surprise et violemment agitée par des modifications proposées *ex abrupto :* l'incertitude d'un avenir sans cesse remis en question inspirant une défiance générale, le gouvernement constitutionnel perdrait l'appui nécessaire de l'opinion dont il tromperait tous les vœux qui tendent à ce doux repos impossible désormais à trouver ailleurs que dans la stabilité des institutions favorables à la liberté publique.

L'état actuel des choses éclaircit bien ces vérités. Il y a deux mois tout était calme, maintenant tout est agité. Sont-ce les changemens proposés qui jettent l'alarme dans les esprits; les plus importantes de ces modifications paraissent être la réduction de l'âge et le renouvellement intégral des députés (1).

______

(1) La duplication du nombre n'est point contraire à la Charte.

Elles sont plus favorables à la liberté qu'au pouvoir, si toutefois ce qui est pour la liberté n'est pas aussi en faveur du pouvoir; comment l'opinion publique contre sa nature recule-t-elle devant l'image d'une plus grande liberté?

C'est que le pouvoir de révision n'étant ni défini, ni placé, ni limité, ni régularisé, le bon sens naturel du peuple lui fait dire que si tels articles de la Charte sont réformés aujourd'hui par la majorité de la chambre, rien ne garantit que tels autres articles ne seront pas rayés de la Charte par une autre majorité. Le ministére de 1817 était de cet avis, lorsqu'un de ses membres actuels (1) disait à la tribune : *Si la Charte est révisée, la Charte est compromise.* Aucun raisonnement ne peut calmer ces craintes, parce que tout ministère est impuissant pour donner des garanties contre les entreprises d'un autre ministère.

Si le roi seul n'a pas le pouvoir de révision, parce qu'il n'a plus exclusivement le pouvoir constituant,

----

(1) M. de Serre.

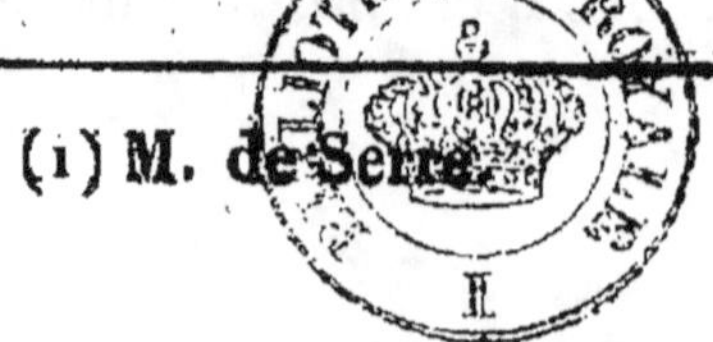

Si la Chambre des députés est liée par ses sermens à la Charte et circonscrite par son mandat à l'exercice du pouvoir législatif dans le sens de la Constitution et non contre elle, il faut nécessairement une assemblée spéciale de révision qui reçoive de la nation le pouvoir de concourir à la révision.

L'exemple du pouvoir absolu dont le Parlement britannique est investi, n'est ici d'aucune autorité.

D'abord, si ce pouvoir sans bornes est néanmoins constitutionnel, les députés des communes reçoivent par cela même de leurs commettans qui en sont instruits, des mandats illimités pour concourir à son exercice avec le roi et les pairs. On ne peut leur objecter, comme en France, ni leur serment, ni leur mandat.

Mais voudrait-on ériger en principe constitutionnel, en France, cette souveraineté illimitée du pouvoir parlementaire qui a le droit, en Angleterre, *d'intervertir l'ordre de la succession au trône, de changer la religion de l'État, d'altérer ou de créer de nouveau la constitution, et de faire,* selon l'expression de Blakstone, *tout ce qui n'est pas naturellement impossible?*

Tout le clergé de France ne se souleverait-il pas à la proposition de constituer un pouvoir capable de changer la religion de l'État?

La doctrine de la légitimité ne serait-elle pas effrayée de ce pouvoir d'intervertir l'ordre de succession à la couronne?

Toutes les libertés publiques ne seraient-elles pas alarmées par un pouvoir qui n'a de limite que l'impossibilité naturelle?

En établissant un tel pouvoir en France, il serait au moins nécessaire de créer des garanties contre l'abus de son exercice. L'Angleterre a cru les trouver dans le serment de fidélité, de suprématie et d'abjuration, dans des priviléges indéfinis qui, par leur latitude indéterminée, sont par cela même plus propres à repousser toutes les attaques imprévues de la puissance royale; dans un système électoral qui exclut de la chambre des communes tous les pensionnaires de la couronne, tous ceux qui participent au maniment des droits et taxes, tous les employés des accises et des douanes, de la trésorerie et de l'échiquier, les juges du royaume, les ecclésiastiques, les chérifs, les maires, les baillis dans l'étendue de leur ressort, tous ceux qui possèdent des charges créées par le roi depuis 1705, etc.

Nonobstant ces précautions qui nous manquent pour préserver la représentation nationale de l'influence de la couronne, M. de Montesquieu prédit, à raison même de ce pouvoir illimité, que « l'Angleterre perdra » sa liberté et périra lorsque la puissance » législative sera plus corrompue que l'exé » cutrice. »

Cependant la constitution anglaise n'est pas comme la Charte, une théorie encore sur le papier; elle fut construite pièce à pièce; la grande Charte, la pétition des droits, le bill des droits marquent trois grandes révolutions dans le gouvernement anglais, et trois grandes conquêtes de la liberté publique par la force de l'opinion qui n'est pas disposée à se relâcher de ses droits; appuyée sur les mœurs, protégée par ses institutions, défendue par les hommes puissans qui n'invoquent point contre elle un ancien ordre politique, la constitution anglaise semble se jouer des prophéties de tous les publicistes qui ont présagé sa ruine. Mais en France, dans l'état

(21)

actuel des choses, ceux qu suppliaient le
prince, en 1814, de conserver le pouvoir
absolu, ceux qui écrivaient pour combattre
toute idée d'un gouvernement constitutionnel, seraient-ils donc si éloignés, s'ils étaient
en majorité dans la chambre des députés, de
vouloir réaliser parmi nous la dernière révolution du Dannemarck?

Il est donc nécessaire de créer une assemblée spéciale de révision.

1°. Parce que le roi seul ne peut réviser la
Charte;

2°. Parce que la chambre actuelle est sans
pouvoir;

3°. Pour donner plus de solennité à la révision et pour distinguer la Charte des lois ordinaires;

4°. Pour éviter la variété des modifications,
selon la différence des ministères et das majorités.

5°. Pour rassurer l'opinion publique et préserver la Charte elle-même contre des changemens indéfinis de la part d'un pouvoir de
révision permanent et illimité.

CHAPITRE IV.

Organisation de l'assemblée spéciale de révision.

LES députés à l'assemblée de révision doivent être nommés dans la forme électorale ordinaire : il est inutile de créer une forme plus populaire pour cette élection. Il s'agit toujours de l'exercice du pouvoir législatif, plus élevé si l'on veut, mais de même nature et produisant pour la société la même nécessité d'obéir. Si pour les lois ordinaires, on cherche une double garantie dans les conditions de propriété exigées des éligibles et des électeurs, on en pourrait conclure au contraire qu'il faut, pour changer les lois constitutionnelles qui sont d'une plus haute importance, demander aux électeurs et aux élus une plus forte garantie et par conséquent concentrer davantage le droit électoral, au lieu de le diviser dans un plus grand nombre. Tous les citoyens ont sans doute un intérêt personnel aux lois constitutionnelles, abstraction faite de leurs propriétés, puisque ces lois consacrent des droits individuels; mais le propriétaire a le même intérêt que le prolétaire à tout ce qui favorise la liberté publique, et de plus il a l'intérêt de la propriété à préserver des atteintes d'une législation fiscale ou vicieuse dans ses moyens de protection; de sorte que le propriétaire défend tout à-la-fois et les droits des personnes qui lui sont communs avec tous les membres de la société, et les droits de la propriété dont une partie des citoyens est privée ou qu'elle ne possède pas au même degré. Accorder pour la révision un droit électoral aux personnes seulement, ce serait faire prédominer le nombre et priver la propriété d'une représentation capable de la défendre.

La révision des lois constitutionnelles n'est pas d'ailleurs une opération dont l'importance puisse être sentie par la multitude. On ne peut délibérer que sur ce que l'on connait, et la délibération est une illusion, quand l'esprit n'est pas assez éclairé pour porter un jugegement. Le simple bon sens ordinaire peut-il être appelé sincèrement à décider les questions les plus élevées du droit public? Une raison supérieure peut seule atteindre à cette hauteur d'où l'on aperçoit dans l'avenir l'effet et la durée des grandes institutions politiques. Qu'ont été dans la réalité les acceptations populaire des constitutions impériales? Pour opérer une pesqu'unanimité de suffrages n'a-t-on pas additionné ensemble le silence d'un très-grand nombre avec l'affirmation d'une très-petite minorité? Que penserait-on cependant d'un contrat de société que l'on prétendrait rendre obligatoire pour ceux-mêmes qui ne l'auraient pas signé? Ces considérations puisées dans la nature et dans la réalité des choses s'opposeront toujours à l'exécution de ces principes abstraits sur une approbation populaire de la révision ou sur un concours nécessaire de tout le peuple à la révision de la Charte.

L'assemblée spéciale de révision doit réunir pendant sa session le pouvoir de révision et le pouvoir législatif ordinaire. La simultanéité d'une chambre de députés et d'une assemblée de révision séparées aurait des dangers et au moins de graves inconvéniens.

Les dangers sont d'exposer l'opinion publique à deux influences en sens opposé, selon l'esprit contraire des deux assemblées; cela diviserait la nation, nuirait à la tranquillité, peut-être même au crédit public.

Tous les articles de la Charte ont des rapports avec la législation ordinaire, comme les principes avec leurs conséquences plus ou moins éloignées, et cette législation est du domaine de la chambre des députés. Les débats de l'assemblée de révision retentiraient dans la chambre des députés, s'ils prenaient une direction qui lui parut contraire à l'opinion publique, l'extrême et nécessaire liberté de dire ce que l'on pense entraînerait des orateurs à prévoir et à combattre au moins indirectement les conséquences de la révision présumée. Les deux assemblées nuiraient à leur liberté réciproque.

Les lois mêmes soumises à la discussion de la chambre pourraient, par leur connexité avec les dispositions de la Charte alors *eurévisiou*, prêter à des discours, si non hostiles, au moins critiques contre l'assemblée de révision.

La faculté constitutionnelle de la chambre de présenter au roi des adresses sur des objets quelconques serait peut-être employée à supplier S. M. de ne point admettre le projet de révision; ce qui produirait une opposition tranchante entre les deux assemblées et une violente commotion à l'opinion publique.

Il serait difficile de prévenir la simultanéité des deux assemblées, après avoir admis la possibilité de leur existence séparée. Des impôts extraordinaires, des recrutemens imprévus en cas de guerre inopinée demandent le concours de la chambre législative. Une dissolution de cette chambre amène la nécessité d'en convoquer une nouvelle dans les trois mois; l'événement subit d'une minorité ou d'une régence, une multitude de circonstances peuvent exiger l'intervention pressante de la Chambre des députés pendant la tenue de l'assemblée de révision, et produire par conséquent cette dangereuse co-existence de deux corps législatifs délibérans

L'un des inconvéniens serait de disséminer dans deux assemblées des talens et des qualités dont la réunion est nécessaire à chacune d'elles.

L'unité d'assemblée est donc préférable. La nomination des députés à cette assemblée doit se faire selon la forme électorale ordinaire. Les électeurs savent qu'ils envoient leurs représentans à l'assemblée de révision,

ils leurs confèrent tacitement le droit de concourir à la révision.

La révision terminée, l'assemblée de révision doit être dissoute. Si elle restait de droit
comme chambre législative ordinaire, cette
perspective pourrait trop influer sur la révision, surtout si les articles constitutionnels
à reviser touchaient à l'organisation de la
Chambre des députés. L'unité d'assemblée,
pendant la révision, a permis toutes les me-
sures législatives d'urgence. Une nouvelle
chambre doit paraître. Si l'assemblée de révision avait déterminé de nouvelles formes de
convocation, si elle avait adopté d'autres conditions d'éligibilité, ne serait-il pas au moins
inconvenant de lui voir exercer le pouvoir législatif sous des formes qu'elle-même aurait
réprouvées en les changeant ?

La disparition de cette assemblée de révision, quand son objet est rempli, calme les
esprits, en leur apprenant que tout est ren-
tré dans l'ordre ordinaire ; soit que la constitution sorte victorieuse de cette épreuve, soit
qu'elle subisse des modifications partielles et
déterminées, mais favorables à sa durée, elle
reprend son empire avec plus d'énergie : les

esprits ont pu se convaincre par la lenteur et la solennité des formes de la révision que la Charte n'a rien à redouter des attaques inconsidérées d'un pouvoir ambitieux.

CHAPITRE V.

Proposition de la Révision.

L'initiative en appartient au Roi, comme celle de la loi ordinaire. La puissance royale ne peut voir altérer les lois constitutionnelles, sans qu'elle en ait elle-même reconnu la nécessité : car cette altération influe sur elle, change sa position, établit de nouveaux rapports qui peuvent nuire à son action.

Les agens supérieurs du Gouvernement sont, par leur position centrale, plus en état d'observer le jeu des pouvoirs constitutionnels, ils sentent nécessairement toutes les résistances, ils apprécient mieux ce qu'il faut ajouter de force au pouvoir pour assurer son action. Un penchant naturel les porte sans doute à fortifier plus le pouvoir que la liberté : mais les défenseurs de celle-ci sont dans la Chambre des Députés, et un penchant aussi naturel les excite à fortifier la liberté contre le pouvoir. L'initiative du prince les

établit juges entre le pouvoir et la liberté.
Cela suffit au triomphe de celle-ci, qui peut
souvent même être intéressée à voter pour le
pouvoir qui la protège.

La puissance exécutrice est moins imbue
de l'esprit d'innovation ; son existence toute
pratique redoute les théories, elle a par-des-
sus tout un sentiment de conservation qui
répugne aux changemens ; porté jusqu'à l'ex-
cès, ce sentiment lui donne une force aveu-
gle d'inertie, qui, voulant résister aux progrès de l'opinion publique , amène les révolutions. Si l'on voit le contraire en ce moment
où la proposition d'innover part du trône ,
c'est que le pouvoir ne se croit pas encore
assez armé contre les factions ; c'est la crainte
et non l'esprit d'innovation qui l'agite. Cette
crainte est-elle fondée ? Cela sort de mon
sujet.

En conservant les formes ordinaires dont
il ne convient jamais de s'écarter sans nécessité , parce que la simplicité a bien son mé-
rite , les députés auraient le droit de supplier le roi de proposer la révision. C'est une
attribution constitutionnelle , précieuse dans
tous les cas , et surtout dans celui où l'inté-

rêt de la liberté publique , qui souvent est aussi celui du pouvoir , réclamerait des modifications à la Charte.

La proposition de révision doit toujours être rédigée en forme d'articles constitutionnels , destinés à remplacer ceux dont la révision est demandée. Il est essentiel de conserver à la Charte une rédaction claire , positive , et d'un seul texte , afin qu'on ne la voit point se dissoudre , comme la constitution de l'an 8 , dans une foule de lois dérogatoires , images de ces sénatus-consultes dont le rapprochement et la conciliation étaient devenus impossibles aux légistes les plus expérimentés. En lui conservant cette forme sensible à tous les esprits , on en pourra confier le dépôt , selon l'expression de l'ordonnance du 15 mars 1815 , au courage et à la fidélité de tous les Français, et à la mémoire de la jeunesse dont elle sera, comme le disait Cicéron , de la loi des douze tables, *Carmen necessarium.*

CHAPITRE VI.

Examen préliminaire de la proposition de révision.

La stabilité désirable surtout dans les lois constitutionnelles exige de bien constater la nécessité de les modifier. Cette faculté de leur faire suivre les progrès de la civilisation et de les approprier aux nouveaux besoins de la société, demande, pour être exercée sagement, que cette accusation d'insuffisance portée contre les lois fondamentales, soit d'abord examinée avant d'être soumise à l'assemblée de révision qui doit rendre le jugement définitif.

La proposition de   doit subir l'épreuve d'une discussion préparatoire dans la chambre des députés.

Par ce premier examen, l'opinion publique est éclairée sur la nécessité ou l'inutilité de la révision. Les publicistes ont le temps d'établir leur controverse, la propagation étant toujours déterminée à certains articles de la

Charte, l'avenir ne présente rien de vague, ni d'alarmant pour l'ensemble de la Constitution.

En décidant s'il y a lieu ou non à révision, la Chambre des députés ne sort pas des bornes de sa compétence. Elle a toujours le droit de se prononcer pour le maintien de ce qui est, ou d'exprimer un vœu pour la révision.

Si elle déclare qu'il n'y a lieu à révision, la proposition n'en peut plus être reproduite qu'à une autre session, après une année d'intervalle. Il ne peut y avoir d'urgence à procéder à la révision dont la nécessité n'a pu frapper la majorité des esprits dans la Chambre des députés, et dans le doute même, la présomption est en faveur de la loi existante.

S'il est déclaré qu'il y a lieu à révision, le Gouvernement a la faculté de convoquer l'assemblée de révision ou d'y renoncer selon qu'il est éclairé par la discussion ou excité par les circonstances.

Si l'assemblée de révision n'est pas convoquée dans l'année de l'admission de la proposition par la Chambre des députés, la révision est censée abandonnée et ne peut plus être reproduite que dans les mêmes formes. Le sort de la Constitution menacée d'une révision ne doit pas rester trop long-temps incertain. Un trop long intervalle entre la déclaration de révision et la convocation de l'assemblée de révision effacerait toutes les impressions de la première discussion ; la convocation subite de l'assemblée de révision pourrait être une surprise faite à l'opinion publique qui aurait cessé d'être attentive à des projets de changemens oubliés en apparence. En établissant dans la révision deux degrés, l'examen préliminaire et la délibération définitive, il convient de les ne pas séparer par un trop long intervalle qui détruirait l'influence de l'un sur l'autre et nuirait à l'effet de tous les deux sur l'opinion.

Les députés qui ont discuté préliminairement la révision doivent être éligibles à l'assemblée de révision. L'inégibilité priverait cette assemblée de talens précieux ; si les députés ont professé dans l'examen de la révision par leur Chambre, des opinions conformes à l'opinion publique, ce sera pour eux un titre à l'élection ; s'ils ont subi toute autre influence, les colléges électoraux seront

leurs juges, en leur accordant ou leur refu-
sant un nouveau témoignage de confiance.

Les esprits peuvent varier sur les moyens
d'organiser l'assemblée de révision; mais l'essentiel est ici de reconnaître la nécessité des
deux degrés dans la révision, savoir : l'examen préliminaire et la délibération définitive, dans deux temps et par deux assemblées
différentes.

CHAPITRE VII.

Délibération de L'Assemblée de Révision.

S'il y a de la célérité dans la délibération de l'assemblée de révision, le ministère n'aura pas le temps de se créer une majorité factice; moins l'assemblée sera influencée, plus elle exprimera l'opinion publique,

La proposition de révision doit être soumise à l'assemblée dans les dix jours de sa réunion et résolue dans le mois suivant. L'examen préliminaire, la controverse des publicistes ont préparé tous les élemens d'une bonne solution.

Le sort de la Constitution ne doit pas être exposé au jeu des majorités ordinaires qui triomphent des minorités par le poids léger mais toujours déterminant de quelques voix. Si les modifications sont nécessaires, si l'opinion publique les approuve, l'opposition doit être en petite minorité dans l'assemblée de révision. L'intérêt de conserver ce qui est, l'emporte toujours dans les esprits sages sur le simple désir d'améliorer des institutions dont la stabilité seule est un bienfait. L'évidence d'un mal très-grave à faire cesser doit être le principal motif des innovations dans les lois fondamentales. Ce sentiment d'un malaise général ou d'un danger imminent, s'il est réel, ne sera jamais équivoque, et des voix nombreuses doivent naturellement s'élever de toutes parts pour en faire entendre l'expression.

En exigeant les deux tiers des suffrages, pour admettre le projet de révision, on acquiert une plus grande preuve de sa nécessité, l'on donne à la stabilité des lois constitutionnelles une plus forte garantie, l'on grave dans les esprits une plus profonde vénération pour elles, en les distinguant encore des lois ordinaires par une plus grande solennité dans la délibération qui les concerne.

Si l'assemblée approuve la révision, sa résolution est soumise à la Chambre des pairs. On ne les doit pas consulter sur l'examen préliminaire, parce qu'ils forment un corps permanent dont les mêmes individus ne doivent pas être appelés à délibérer deux fois sur le même objet: la Chambre des pairs statue de la même manière et dans le même délai.

Si le Gouvernement ne présente pas la résolution de l'assemblée de révision dans le mois à la Chambre des pairs , le projet de révision est prescrit , et ne peut plus se reproduire qu'en subissant les mêmes épreuves.

Après l'adoption par la Chambre des pairs, le projet de révision est encore prescrit , s'il n'est promulgué dans le mois.

Ces prescriptions tendent à lever le plus promptement possible toutes les incertitudes sur le sort de la Constitution. D'aussi grands intérêts ne doivent pas rester en suspens.

Si le projet de révision est rejeté par l'assemblée ou par les pairs , la révision des mêmes articles de la Charte ne peut être proposée que dans les mêmes formes , et après un délai de cinq ans. Le rejet est une preuve que les modifications ne sont pas nécessaires, que le Gouvernement n'éprouve dans son action aucun obstacle bien sensible, que la liberté n'est point en péril , que le danger ou le malaise de la situation présente ne sont pas généralement senti. Alors il faut attendre ou que le mal en s'aggravant devienne plus évident, ou que l'opinion plus éclairée par l'expérience, sollicite plus vivement l'amélioration proposée, ou que le temps révèle l'inhabileté du ministère et l'inutilité des changemens projetés. Certes, un gouvernement aussi fortement constitué, où la part du pouvoir est si largement faite par lui-même, doit avoir, sans risquer son existence, la faculté d'attendre qu'une nouvelle expérience de cinq années justifie la nécessité des changemens dont il avait pris l'iniative et dont les deux assemblées qui concourent à la révision avec lui n'ont pas été convaincues.

CONCLUSION.

L'organisation du pouvoir de révision ouvre une vaste carrière à l'esprit de système. Peut-être ne faut-il pas moins qu'un grand concours de lumières pour créer une heureuse combinaison de moyens propres à créer une institution capable de saisir *l'avantage d'améliorer*, en évitant *le danger d'innover*. Les idées que l'on vient d'émettre sur l'assemblée de révision, ont pour but d'appeler l'attention des publicistes sur une matière aussi grave, plutôt que d'en résoudre toutes les difficultés dont la grandeur ne peut être inaperçue que par la plus présomptueuse ignorance : mais il n'en est pas de même de la nécessité d'organiser ce pouvoir de révision, afin de le placer devant la Constitution, comme ces ouvrages avancés que l'art militaire établit pour empêcher l'ennemi d'approcher subitement du corps de la place. En ce moment, la Constitution est sans défense contre les entreprises du ministère et les atteintes d'une majorité calculée; voilà le danger, le danger imminent qui menace la France de révolutions nouvelles, et la royauté de catastrophes inévitables, parce qu'il n'y a de possible aujourd'hui que la royauté constitutionnelle, c'est-à-dire, l'alliance indissoluble du pouvoir et de la liberté.

RÉSUMÉ.

PROPOSITIONS.	MOTIFS.
Ire. Nécessité d'un mode de révision.	1°. Pour modifier les lois constitutionnelles sans révolutions, selon les mœurs, les opinions et les préjugés. 2°. Pour garantir la constitution des atteintes d'un pouvoir de révision qui n'est ni défini, ni limité, ni régularisé dans son action.

PROPOSITIONS. MOTIFS.

II°.

Limites du pouvoir
de révision.

III°.

Organiser une as-
semblée de révision.

1°. Pour éviter qu'une révision intégrale de la Charte ne remette en question tous les pouvoirs et toutes les libertés.

2°. Pour conserver intactes les bases essentielles de la monarchie constitutionnelle, et de la liberté publique.

1°. Parce que le roi seul, lié par ses sermens à la Charte et devenu pouvoir constitué ne peut reviser la Charte de sa nature irrévocable;

2°. Parce que la Chambre des députés n'a que le pouvoir de faire des lois selon la Charte et non contre elle, qu'elle est liée par ses sermens, et n'a pas reçu des électeurs le droit de réviser la Charte;

3°. Pour donner plus de solennité à la révision et distinguer la Charte des lois ordinaires;

4°. Pour éviter la variété des modifications, selon la variété des ministères et des majorités dans la Chambre des députés.

5° Pour rassurer l'opinion contre la crainte de changemens indéfinis, de la part d'un pouvoir de révision permanent et illimité.

PROPOSITIONS.	MOTIFS.

IV°.

L'assemblée de révision doit exercer pendant sa durée le pouvoir législatif ordinaire.

1°. Pour éviter la simultanéité de la Chambre des députés et de l'assemblée de révision ;

2°. Pour ne pas diviser dans les assemblées les talens dont chacune d'elles a besoin.

V°.

L'assemblée de révision doit être élue comme la Chambre des députés.

1°. Pour ne pas s'écarter sans nécessité des formes ordinaires ;

2°. Parce que les colléges électoraux qui représentent la propriété foncière et industrielle sont éminemment intéressés aux lois constitutionnelles ;

3°. Parce que tout système d'approbation formelle et populaire des modifications apportées à la Charte est illusoire.

VI°.

L'initiative de la révision doit appartenir au Roi.

1°. Parce l'initiative des lois, sans distinction, doit appartenir au Gouvernement qui, par sa position, observe mieux le jeu des pouvoirs dont il sent toutes les résistances :

2°. Parce qu'il tend naturellement plus à conserver qu'à innover ;

3°. Parce que cette initiative n'ôte point aux députés l'expression de leur vœu pour une révision dans l'intérêt de la liberté.

VII.

La proposition de révision doit être rédigée en forme d'articles constitutionnels.

VIII.

La proposition de révision doit d'abord être examinée dans la Chambre des députés.

IX.

La révision doit être délibérée dans l'assemblée de révision et dans la Chambre des pairs.

1°. Pour remplacer les articles révisés et conserver à la Charte l'unité de texte ;

2°. Pour que la rédaction de la Charte soit toujours facilement consultée et sensible à tous les esprits.

1°. Pour éclairer l'opinion sur les changemens projetés ;

2°. Pour refuser la revision, si elle n'est pas nécessaire ;

3° Pour rendre la révision plus difficile et plus solennelle en lui faisant subir les deux épreuves de l'examen préliminaire et de la délibération définitive ;

4°. Pour apprendre aux électeurs à choisir leurs députés à l'assemblée de révision dans un sens conforme à l'opinion éclairée par la discussion préliminaire.

1°. Avec célérité pour prévenir la formation d'une majorité factice ;

2°. Avec nécessité d'une majorité des deux tiers des voix pour rendre l'influence ministérielle plus difficile et mieux constater le besoin de la révision ;

3°. Avec impossibilité de reproduire la révision avant cinq ans, si elle est rejetée.

FIN.

www.ingramcontent.com/pod-product-compliance
Lightning Source LLC
Chambersburg PA
CBHW061642060726
47597CB00005B/2016